Pour Ariane & Alexandra

Loi N° 49 956 du 16 juillet 1949,
sur les publications destinées à la jeunesse:
septembre 1995.
Dépôt légal: septembre 1995

Mise en pages: *Architexte*, Bruxelles
Photogravure: *Photolitho AG*, Gossau-Zürich

Imprimé en Italie par *Grafiche AZ*, Vérone

Elzbieta

Petit-Gris

PASTEL
l'école des loisirs

Quand il était petit,
Petit-Gris attrapa la pauvreté.

Toute la famille l'eut en même temps.
Il n'y avait plus rien d'utile dans la maison.

Ils auraient voulu que cela ne se voie pas,
mais c'était impossible.

Des chasseurs arrivèrent presqu'aussitôt.
«Donnez-nous vos papiers !» ordonnèrent-ils.
Ils n'en n'avaient pas.

Alors les chasseurs déclarèrent :
«Pas de papiers, pas de maison !»

Ils bouchèrent portes et fenêtres.
La maison était morte. Il fallut s'en aller.

La famille partit comme elle put.
«Quand on est pauvre, on va moins vite», constata le papa.

Souvent même, il faut aller à pied.
Petit-Gris était petit, il marchait lentement.

Le papa et la maman se disaient:
«Sans Petit-Gris, on pourrait mieux se dépêcher».
Il y avait justement des gens qui voulaient un enfant.

«Donnez-nous Petit-Gris.
Nous le mettrons à l'abri des chasseurs
et vous pourrez aller plus vite», proposèrent-ils.

Le papa et la maman finirent par dire «Non»,
mais ils n’étaient pas sûrs d’avoir bien fait.

«Si on l'avait donné, Petit-Gris serait devenu riche», pensaient-ils.

Les chasseurs allaient vite. Bientôt, ils étaient de nouveau là.
«Où habitez-vous ?», demandèrent-ils.

«Nulle part», répondit le papa.
«Ce n'est pas ici», dirent les chasseurs. «Circulez !»
Il fallut s'en aller.

Sur la plage, avec des coquillages,
des branches échouées et des choses oubliées,
ils bâtirent une île qui flottait sur la mer.

«Laisse cette vieille éponge, Petit-Gris», dit la maman.

Puis ils montèrent ensemble sur leur île
et, doucement poussés par le vent, partirent vers le large.

«Je t'avais dit de laisser cette éponge»,
reprocha la maman à Petit-Gris.

Dans leur bateau, les chasseurs allaient vite.
Bientôt, ils étaient de nouveau là.
«Halte-là ! Où allez-vous ?» demandèrent-ils.

«Ailleurs», répondit le papa.
«C'est défendu!» déclarèrent les chasseurs.
«Pas de papiers, pas de maison. Délit de fuite, tous en prison!»

Alors Petit-Gris, avec sa vieille éponge,
effaça le bateau des chasseurs de la surface des eaux.

Puis il effaça ce qui restait des chasseurs.

Il faisait beau. La mer était calme.
L'île voguait, doucement poussée par la brise.
«Heureusement que tu ne m'as pas écoutée!» dit la maman.

«J'avais tout de suite vu que c'était une éponge magique», répondit Petit-Gris.